*Zeit*SPRÜNGE

Solingen-Ohligs

Auf dem Weg zum Heidebad in der Ohligser Heide.

*Zeit*SPRÜNGE

Solingen-Ohligs

Manfred Kohl

SUTTON
VERLAG

Sutton Verlag GmbH
Hochheimer Straße 59
99094 Erfurt
http://www.suttonverlag.de

ISBN: 978-3-86680-229-2

Druck: Oaklands Book Services Ltd., Chalford | GL, England

Titelbild: Der Bremsheyplatz in den 1950er-Jahren, der heutige Busbahnhof.

Das längst abgerissene Krankenhaus an der Virchowstraße.

Inhaltsverzeichnis

Bildnachweis

Stadtarchiv Solingen: Seite: 4, 11 o, 12 o, 14 o, 19 o, 21 o, 22 o, 23 o, 28 o, 32 o, 33 o, 35 o, 46 o, 53 o, 54 o, 55 o, 56 o, 57 o, 58 o, 59 o, 60 o, 61 o, 62 o, 63 o, 64 o, 65 o, 66 o, 67 o, 68 o, 69 o, 70 o, 71 o, 73 o, 74 o, 75 o, 76 o, 77 o, 78 o, 79 o, 80 o, 81 o, 82 o, 83 o /u, 84 o, 85 o, 86 o, 87 o, 88 o /u, 89 o, 90 o, 91 o, 92 o, 93 o, 94 o, 95 o.
Familie Schulten: Seite 46 u.
Alle anderen Aufnahmen stammen aus dem Archiv des Autors.

Literatur

ERICH PHILIPP PLOENNIES: *Topographia Ducatus Montani,* 1715, 2 Bände, hrg. und bearbeitet von Burkhard Dietz, Neustadt/Aisch 1988

MAX SCHMIDT: *Geschichtliche Wanderungen durch Solingen Stadt und Land,* Solingen 1922

HEINZ ROSENTHAL: *Solingen. Geschichte einer Stadt,* 3 Bände, Duisburg 1969, 1972, 1975

HERMANNS: *Ohligs,* in: Die Heimat, 11. März 1927, 3. Jg. Nr. 5

Führer durch Ohligs und Umgebung, hrg. von der Stadtverwaltung und dem Verkehrsverein Ohligs, ca. 1928

Historische Wanderungen. Transport und Verkehr in Solingen

Solinger Tageblatt vom 22.01.1936, 31.07.1937 und 19.08.1937

Ohligser Anzeiger vom 25.03.1925, 30.03.1933 und 31.05.1937

Rheinische Landeszeitung vom 08.06.1937

Einleitung

Das heutige Ohligs ist als Bürgermeisterei Merscheid aus dem unteren Kirchspiel Wald hervorgegangen. Im Jahre 1808 wurden die Honschaften (Verwaltungseinheit, Steuer- und Polizeibezirk als Untergliederung eines Kirchspiels) Barl und Schnittert und einige Teile von Bavert, Limminghofen und Hackhausen im Zuge der Verwaltungsneuordnungen in napoleonischer Zeit zusammengeschlossen. Die neue Kommune erhielt den Namen Merscheid, obwohl die Hofschaften von Merscheid – wie auch von Ohligs – wenig Bedeutung hatten. Die Bestimmungen zur Gründung der neuen Gemeinden besagten jedoch, dass diejenigen Gemeinden, die nicht den Namen eines Kirchspiels erhielten, den Namen derjenigen eingemeindeten Honschaft erhalten sollten, die die größte Einwohnerzahl hatte. Außerdem musste in dieser Honschaft jemand wohnen, der fähig war, die neue Kommune zu verwalten. Da von den alten Honschaften der Gemeinde Merscheid keine diesen Bestimmungen entsprach, wählte man den Namen Merscheid, da dieser Ort mit etwa 180 Einwohnern der wichtigste der Gemeinde war.

Die „Mairie Merscheid", das neue kommunale Gebilde, das 1856 gar Stadtrechte erhielt, war von Ohligs aus nur über einen Hohlweg zu erreichen, der an beiden Seiten von Feldern gesäumt war. Die einzigen Häuser, die dieser Weg passierte, waren die Höfe Weckshäuschen und In den Irlen – so dünn war die hiesige Region damals besiedelt.

Die Ortschaft Ohligs bestand zu Beginn des 19. Jahrhunderts nur aus wenigen Häusern, die an den Kreuzungspunkten der heutigen Benrather- und Düsseldorfer Straße in der Nähe des jetzigen Marktplatzes lagen. Doch bereits 1816 zählte man 3.334 Einwohner, die Volkszählung im Jahre 1832 ermittelte gar 4.182 Seelen.

Nicht nur in der Franzosenzeit, sondern auch später nutzten durchziehende Militärtruppen die Gemeinde Merscheid als Quartier. Die Einquartierungen fanden erst 1820 ein Ende. Danach trat endlich Ruhe ein und die Gemeinde konnte sich von den Entbehrungen erholen. Für die Industrie begann eine Blütezeit und damit einhergehend nahm der Wohlstand der Bevölkerung stetig zu. Die rasche Entwicklung seit den 1860er-Jahren ist u.a. darauf zurückzuführen, dass Ohligs immer mehr zu einem Eisenbahnknotenpunkt wurde. Die erste Bahnstation wurde 1867 errichtet. Den Bahnanschluss verdankt der Ort mehr einem Zufall, denn es stellte sich heraus, dass sich die geplante Eisenbahnlinie zwischen Deutz und Elberfeld am besten und billigsten über Ohligser Gebiet realisieren ließ. Der Anschluss an das Eisenbahnnetz förderte das Wirtschaftswachstum in Ohligs ungemein. Einen weiteren Entwicklungsschub brachte dann die Eröffnung der Strecken Ohligs–Hilden–Düsseldorf und Ohligs–Solingen–

Remscheid–Lennep sowie der Solinger Kreisbahn, der Bergischen Kleinbahn und der Bahnen im unteren Kreise Solingen.

Um die gewachsene Bedeutung des Ortes herauszustellen, wurde der Name der Bahnstation „Ohligs-Wald“ im Jahre 1888 in „Ohligs“ abgeändert. Im Jahre 1891 erhielt die Gemeinde die Genehmigung, fortan den Namen Ohligs statt Merscheid zu führen. Stattliche Gebäude sind in jener Zeit entstanden, wie das Rathaus und das daneben stehende Amtsgericht, das 1894 eingeweiht wurde. Im Jahre 1896 verlieh Kaiser Wilhelm II. der Stadtgemeinde Ohligs ein Wappen in Form eines zweigeteilten gotischen Schildes, das auf der rechten Seite ein Flügelrad zeigt (für die Eisenbahn und den Geschäftsverkehr), am oberen Rand eine Mauerkrone mit drei Türmen und einem Tor in der Mitte, die Ohligs als Kleinstadt ausweist, und auf der linken Seite Silbersterne auf blauer Fläche, die die Anzahl der Höfe repräsentieren, aus denen die Stadt hervorging.

Dass man „im Ohligs“ noch vor der Wende zum 20. Jahrhundert mit dem „Ohligser Anzeiger“ eine bodenständige Zeitung, zwei Krankenhäuser und einen Wochenmarkt schuf, die Versorgung mit elektrischem Strom, eine Straßenreinigungs- und Müllabfuhranstalt organisierte, diverse Zug- und Straßenbahnverbindungen in die Umgebung auf den Weg brachte, noch kurz vor Schaffung der Großstadt Solingen das Freibad „Heide“ errichtete und auf der Sauerbreystraße gar mit dem Bau einer städtischen Badeanstalt begann, zeugt von der Finanzstärke, dem Unternehmergeist und vor allem der Selbstständigkeit der damals 30.000 Ohligser, die durch die sogenannte Städtevereinigung am 1. August 1929 Teil der nunmehrigen Großstadt Solingen wurden.

Der Stiehls Teich bildete früher das Wasserreservoir der Firma Kronprinz. Er liegt zwischen Prinzen-, Monhofer-, Weyer- und Dresdener Straße in einer tollen Grünanlage mit Kinderspielplätzen und einem Tennis-Center. Der Teich wird von der Quelle des Schnitterter Bachs gespeist, eines kleinen, auf keiner Karte erfassten Bächleins, das, zum Teil in Rohren gefasst, bei der Broßhauser Mühle in den Lochbach mündet.

Zur Geschichte von Ohligs

Schlösser, Hof- und Honschaften

Eines der ältesten noch vorhandenen Gebäude im heutigen Ohligs ist Schloss Caspersbroich, das um 1220 von einem Lehnsmann des Grafen Engelbert dem Heiligen als Gutshaus gegründet wurde. 1438 kaufte es Junker Caspar von Pertsdorf und baute es zu einem Rittergut aus. 1883 wurde das Gebäude durch umfangreiche An- und Umbauten zu einem Schloss erweitert. In den 1960er-Jahren war das Anwesen stark heruntergekommen und musste saniert werden. Dabei baute man es zu Eigentumswohnungen um.

Das zweite herausragende Bauwerk ist Schloss Hackhausen, von dem eine Urkunde aus dem Jahre 1411 berichtet. Darin überließ Graf Adolf VII. von Berg seinem Bruder Gerhard, Domprobst zu Köln, den Hof zu Hackhausen, verbunden mit der Auflage, diesen niemals in fremde Hände geraten zu lassen. Diese Auflage ließ sich allerdings durch den frühen Tod Gerhards nicht einhalten. So blieb Hackhausen nur bis 1485 im Besitz derer von Berg. In diesem Jahr wurde es für 2.000 Gulden an Johann von Bottlenberg-Kessel verkauft, dessen Familie anschließend 319 Jahre lang Eigentümer des Schlosses blieb. 1804 ging der Besitz an die Familie von Busche-Ippenburg. 1887 brannte das Schloss vollständig aus. Nur die Umfassungsmauern im Erdgeschoss blieben erhalten, sodass das Untergeschoss gleich nach dem Brand wieder hergerichtet werden konnte.

1891 wurde das Schloss an einen Ökologen aus Borbeck veräußert. Dieser verkaufte es gerade einmal zwei Jahre darauf an die Kaufleute August von Recklinghausen und dessen Schwager Richard Berg. 1896/97 ließ Berg gegenüber dem Schloss, auf der gegenüberliegenden Seite der heutigen Bonnerstraße, das Haus Hackhausen erbauen. Dieses Haus wurde auch Villa Berg genannt. August von Recklinghausen ließ im Jahre 1907 das Hackhauser Schloss in „aller Schönheit" wieder herstellen.

Als eigentliche Keimzellen des späteren Ohligs sind die Höfe anzusehen, die sich entlang der frühen Verbindungswege und im Umfeld der zahlreichen Schleifkotten und Mühlen seit dem 13. Jahrhundert entwickelt hatten. Die Wege waren damals ausschließlich an herrschaftlichen und kirchlichen Belangen ausgerichtet, sie führten zu den Besitzungen der jeweiligen Landesherren bzw. Klöster. Zu den wichtigsten Verkehrswegen in der hiesigen Gegend gehörten die Verbindungen vom Rhein ins Landesinnere, insbesondere vom Bistum Köln nach Greverode, den heutigen Solinger Stadtteil Gräfrath. Das 1185 gegründete Augustinerinnenkloster in Gräfrath war zudem ein beliebter Wallfahrtsort und wichtiger Stützpunkt kirchlicher Machtentfaltung.

Die damaligen Straßen hatten nichts mit unseren heutigen gut ausgebauten Verkehrswegen zu tun. Am Schloss Hackhausen führte ein ungepflasterter schmaler Weg vorbei, der nur zu Fuß, zu Pferd oder mit einer Kutsche zu bewältigen war. Er führte bis zum nächstgelegenen Abzweig in Richtung Wald oder Hilden. Der erste Ausbau dieser Strecke ist für Anfang 1750 verbrieft, als man den Neuen Rheinweg, der von Solingen über Aufderhöhe und Leichlingen nach Hitdorf und von Wald in Richtung Richrath führen sollte, in Angriff nahm. Im Siebenjährigen Krieg (1756–1763) mussten die Bauarbeiten unterbrochen werden, sodass die Straße auf Ohligser Gebiet zunächst nur bis zur Hofschaft Piepers, heute Ecke Bonner- und Schwanenstraße, gebaut wurde. Erst einige Jahre später wurden die Arbeiten fortgesetzt, wobei zwischen Kottendorf und Broßhaus der Lochbach und der Schnitterter Bach sowie einige Teiche verlegt werden mussten.

So einschneidend diese Maßnahmen auch waren, die gravierendste Veränderung für das 6.000 Einwohner zählende Provinzstädtchen Ohligs kam 1867 mit dem Bau der Bahnlinie von Deutz nach Elberfeld über Ohligs. Die Inbetriebnahme der Eisenbahnlinie leitete eine städtebauliche Wende ein. Aber auch viele Gebäude entlang der Strecke mussten dem voluminösen Bahnkörper weichen, der zwischen dem neuen Ohligser Bahnhof und Haan zum größten Teil mit Tausenden Kubikmetern Geröll und Erde aufgeschüttet werden musste. Schließlich galt es, das Lochbach- und das Ittertal mit einem Damm zu überbrücken.

Heute kennt kaum einer mehr die Namen der dabei verschwundenen Hofschaften Kullen und Kulltappen oder den Kuller- und den Kaimerskotten. Viele wissen auch nicht mehr, dass Rennpatt, Piepers, Im Ohlig, Scheid, Suppenheide, In den Irlen, Weckshäuschen und andere die Namen einstiger Höfe sind, die sich heute teilweise noch in den Namen von Ortsteilen, Straßen oder Bushaltestellen wiederfinden. Diese Höfe mit ihren mundartlichen Namen bildeten kleine Hofschaften, die oft nur aus zwei bis drei Häusern bestanden. Für ihre Besitzer stellte die hier betriebene Landwirtschaft die einzige Einkommensquelle dar. Heute sind die Überreste dieser Höfe oft von Bäumen und Büschen überwuchert. Es gibt aber auch Orte, an denen die Zeit offenbar spurlos vorübergegangen ist. In Dahl, Dunkelnberg, Barl, Bech, Broßhaus, Schnittert, Keusenhof, Wilzhaus, Maubes und Poschheide sind heute mehrere denkmalgeschützte Bauten zu bewundern. Von anderen Orten dagegen sind nur die Namen erhalten geblieben.

Das Rittergut Caspersbroich, in einer Niederschrift von 1555 auch als „Krauthuserbroich" bezeichnet, scheint wie der benachbarte Keusenhof ein sogenanntes Sattelgut gewesen zu sein. Diese Güter kamen im 11. Jahrhundert auf. Die Hofbesitzer konnten, anstatt selbst Kriegsdienst zu leisten, einen gesattelten Reiter ins Feld schicken. Im Jahre 2007 wird die Sicht auf Schloss Caspersbroich leider immer mehr durch Bäume und Sträucher beeinträchtigt, wie das Foto zeigt.

Das alte Bild zeigt Schloss Hackhausen um 1790. Von 1485 bis 1804 gehörte das Anwesen den Freiherren von Bottlenberg-Kessel. 1772 wurde die alte Burg abgerissen und durch ein Wasserschloss im Rokokostil ersetzt. 1887 brannte dieses Gebäude teilweise ab und wurde zunächst nur notdürftig wieder hergestellt. Erst 1907 baute man das Wasserschloss in Anlehnung an alte Baupläne wieder auf. Das Gelände ist heute nicht für die Öffentlichkeit zugänglich. Zu Hackhausen gehörten einst einige Güter und Wirtschaftsbetriebe: die Höfe Wiescheid und Börkhaus, der Hasselskotten, die Hackhauser Mühle sowie die Krüdersheider Mühle und die Wiescheider Ölmühle. Die Dichterin Annette von Droste-Hülshoff schrieb über Hackhausen: „Im mondherhellten Weihers Glanz liegt brütend wie ein Wasserdrach Schloß Hackhausen."

Nur noch ältere Ohligser dürften wissen, dass im Lochbachtal einmal zwei blühende kleine Hofschaften standen, Zur Kullen und Am Kulltappen. Es gibt wenige Hofschaften in Solingen, die sich im Lauf der Zeit so verändert haben wie diese beiden. Das alte Foto zeigt eines der letzten Häuser von Kullen. Zusammen mit anderen Gebäuden fiel es im Jahre 1900 der Verbreiterung des Bahnkörpers für die Anlage der Straßenbahnstrecke nach Wald zum Opfer. Heute erinnert nur noch der Name einer Haltestelle an der Kasparstraße an den untergegangenen Ort Kullen.

Das Foto oben zeigt die heutige Kasparstraße, an der einst die Hofschaft Kullen lag. Ob der Autofahrer weiß, dass er über einen Damm fährt? Wenn das Gebüsch auf der rechten Seite nicht wäre, könnte man ins Lochbachtal schauen. Im Zuge des Baus der Bahnlinie von Deutz nach Elberfeld im Jahre 1867 mussten Lochbach- und Ittertal überbrückt werden, indem man sie mit zigtausenden Wagenladungen Erde und Geröll auffüllte. Woher diese riesige Verfüllmasse kam, ist leider nicht mehr nachzuvollziehen. Die Hofschaft Am Kulltappen lag vermutlich dort, wo heute die Tunnelstraße verläuft (unten). Die einst stark frequentierte Straße, die Verbindungen nach Wald, Solingen, Hilden, Düsseldorf und Köln schuf, ist seit Mitte der 1990er-Jahre hier zu Ende. Die Anwohner müssen heute riesige Umwege fahren, um in die Innenstadt von Ohligs zu gelangen.

Die schon 1683/84 erwähnte Poschheider-Mühle liegt in der Hofschaft gleichen Namens unterhalb des Deusbergs. Um 1739 war sie in einem miserablen Zustand und wurde kurzerhand an zwei Interessenten veräußert. Nach Instandsetzung des Mühlengebäudes im Jahre 1741 ließen sie ihre Namen über der Eingangstür verewigen. Kein Geringerer als Caspar Wilhelm Bremshey, der Gründer der weltweit bekannten Ohligser Firma Bremshey & Co., war von 1857 bis 1862 Besitzer der Poschheider-Mühle. Dort begann er mit der Herstellung von Kassenschlössern, aus der sich die Fabrikation von Bajonetten und Bajonettverschlüssen entwickelte. Bremsheys fortschrittliche Produktionsmethoden bildeten das Vorbild für die Mechanisierung der Solinger Klingenindustrie. 1868 erwarb Jacob Kortenhaus die Mühle und führte den Mühlbetrieb weiter. Erst 1958 wurde die Arbeit in der Poschheider Mühle endgültig eingestellt. Nach dem Zweiten Weltkrieg benötigte man nicht mehr so viel Mühlenkapazität.

In der Hofschaft Poschheide finden sich heute mehrere gut erhaltene historische Gebäude. Um 1700 arbeiteten hier viele Schwertschmiede, ebenso in Bavert, Bech, Dahl, Fürk, Kullen, Kottendorf, Limminghofen, Merscheid, Zur Straßen, Auf der Suppenheide, Schnittert, Tiefendiek und Wilzhausen. Im 19. Jahrhundert gab es in der Bürgermeisterei Merscheid dann vor allem Messermacher, Scherenmacher und Gabelmacher.

Das Foto oben zeigt das Gebiet „Suppenheide“ an der Hansastraße. Es ist eines der letzten unbebauten Gebiete im sogenannten Ohligser Oberland. Die zum Teil seltsamen Ohligser Namen wie Poschheide, Suppenheide, Rennpatt, Heiligenstock oder gar Ohligser Tor – als ob Ohligs je von einer Stadtmauer umgeben gewesen wäre – verwirren Ortsfremde und lassen sich erst nach ausgiebigen Recherchen deuten. Die Trennung in Ober- und Unterland entstand durch den Bau der Eisenbahnstrecke Köln–Elberfeld. Der hohe Damm, der für die Trassenführung nötig wurde, teilte die damalige Gemeinde Merscheid in zwei Hälften.

Im Jahre 1891 errichtete man an der Tunnelstraße ein Gaswerk, das 1892 in Betrieb genommen wurde. In den 1960er-Jahren musste es dem Fortschritt weichen. Das aktuelle Foto zeigt den heutigen Gasspeicher.

In diesem Haus wohnten einst Angestellte des Gaswerks. Heutzutage fühlt man sich angesichts des Hauses, das inmitten zahlreicher Volieren steht und von unzähligen Haustieren bevölkert wird, um Jahre zurückversetzt.

Das Gehöft Rennpatt wurde zuerst 1451 erwähnt. Der sonderbare Name „Rennpatt" leitet sich vom Wort Rainpfad ab, d.h. das Gehöft lag am Rande der Äcker und Wiesen, die es damals in dieser Region noch gab. Nach dem Zusammenschluss zur Großstadt Solingen wurden die Straßennamen neu festgesetzt. Der Rennpatt hatte bis dahin den Namen Schulstraße. Das alte Foto zeigt die Ecke Bahnstraße und Rennpatt im Jahre 1980. Hier stand das Lokal „Beim Schwatze Jupp", das beim Bau der Oberen Hildener Straße abgerissen wurde.

Der Name der Straße Heiligenstock stammt aus alter Zeit. Unter der Herrschaft der Grafen von Berg durfte sich jeder, der sich irgendwo ansiedeln wollte, ein Stück Wald roden und das Land urbar machen. Der Wald wurde allerdings immer kleiner, bis nur noch ein kleines Stück auf dem Steinfeld übrig blieb. Lange Zeit wurde dieser Rest geschont, daher nannte man ihn das „Heilige Holz". Dann aber wurde auch er abgestockt und ausgerodet, wie es früher hieß. Am Schluss blieb nur ein einziger alter „Stock" stehen. Er stand mitten auf dem Steinfeld und man nannte ihn den „Heiligen Stock". Ob es sich bei dem reizvollen alten Gebäude aus dem 18. Jahrhundert an der Straße Heiligenstock (unten) um ein Haus der Hofschaft Scheid, nach der die Straße bis 1929 benannt war, handelt, bleibt offen. Interessant ist das über zwei Meter tiefer liegende Niveau des Fachwerkhauses.

An den einstigen Standort der Hofschaft Im Ohligs erinnert heute nur noch ein kurzes Straßenstück zwischen Lippe- und Düsseldorfer Straße. Die Gebäude auf dem alten Foto rechts wurden Mitte der 1970er-Jahre abgerissen, um einem Neubau Platz zu machen. Von hier bis zur Einmündung der Düsseldorfer Straße findet man seit Jahren lediglich eine stillgelegte Tankstelle und viel Gestrüpp.

Im hinteren Teil des Grundstücks von Seite 23 wurde in den 1970er-Jahren eine ganze Reihe von Garagen gebaut, die heute auf einen Pächter warten. Ihr ramponierter Zustand lässt keine Rückschlüsse auf die einstige Hofschaft Im Ohligs zu. Gleich in der Nachbarschaft lag die Hofschaft Piepers, etwa da, wo heute die Kreuzung Bonner- und Schwanenstraße ist. Der 1750 begonnene Bau des Neuen Rheinweges von Wald in Richtung Richrath wurde durch den Ausbruch des Siebenjährigen Krieges unterbrochen, sodass die Bauarbeiten auf Ohligser Gebiet nur bis zur Hofschaft Piepers vorankamen.

Der Baumeister und Kartograf Erich Philipp Ploennies (1672–1751) erstellte ab 1708 im Auftrag der jeweiligen Regenten die Herrschaftsgebiete von Jülich-Berg und Nassau-Siegen. Er ergänzte die Karten um Beschreibungen der Orte. Die „Topografie des Herzogtums Berg“ erschien 1715. Ploennies' Arbeit bildete eine wichtige Grundlage für die Verwaltung und die Steuererhebung im Herzogtum Jülich-Berg, zu dem auch Ohligs gehörte. Das aus dem

18. Jahrhundert stammende Fachwerkhaus steht im „Naturpark“, der früheren Wasserstraße, und gehörte zur ehemaligen Siedlung Dunkelnberg, die auf der Karte von 1715 auch „Duncklenberg“ genannt wird. Gemeint ist ein kleiner Berg zum Kiesbuckel hin, die Anhöhe zwischen Erlen- und Dunkelnberger Straße. Auch das leuchtend rot verputzte Haus ist dort zu bewundern.

Die zwei wunderschönen Häuser Barl 2 und 4 stammen aus dem 16. Jahrhundert, sie standen also bereits in der ehemaligen Honschaft Barl. Diese Honschaft wurde bereits 1125 zum ersten Mal erwähnt. Als Honschaft bezeichnet man eine Verwaltungseinheit, mehrere Honschaften bildeten zusammen ein Kirchspiel. Heute stehen die Häuser am westlichen Ende der Viehbachtal-Autobahn. Die heutigen Besitzer ahnten lange Zeit nicht, welch schönes Balkenwerk sich unter einer Bretterfassade verbarg. Der ehemalige Siedlungsbrunnen in Barl dient heute nur noch zur Zierde.

Die traditionsreiche Gastwirtschaft „Waldschlösschen" befindet sich an der Weyerstraße, unmittelbar an der 1863/64 gebauten Eisenbahntrasse. Nach dem Zweiten Weltkrieg war das Gasthaus auch unter dem Namen „Schrankenbar" bekannt, da es nicht weit vom gleichnamigen Schienenüberweg entfernt steht. Im „Waldschlösschen" wurde u.a. im Jahre 1875 der Ohligser Schützenverein ins Leben gerufen. Das aktuelle Foto zeigt die abzweigende S-Bahn-Trasse von Ohligs nach Düsseldorf in Höhe des „Waldschlösschens". Heutige Nutzer dieser wichtigen Nahverkehrsverbindung machen sich nur selten Gedanken um die umfangreichen Anstrengungen, die Ende der 1970er-Jahre nötig waren, um die Trasse zu bauen. Doch letztendlich konnte sie am 26. September 1980 eingeweiht werden.

Auf Schritt und Tritt begegnet einem in der ehemaligen Hofschaft Schnittert, die zu den ältesten Teilen von Ohligs zählt, die Vergangenheit. Die Hofschaft wurde bereits im Jahre 1225 erstmals erwähnt. Ihre Geschichte ist eng verbunden mit der Geschichte der Grafen und Herzöge von Berg, den Lehnsherren von Schnittert. Rechts sieht man die Bahnschranke Schnittert an der viel befahrenen Strecke Ohligs–Haan. Es ist nicht einfach für die Bewohner der schon im Jahre 1225 erwähnten Hofschaft, ihren Alltag zu regeln, können sie doch ihre schöne Heimat nur über diesen Bahnübergang oder über die Hofschaft Keusenhof erreichen. Der Name „Schnittert" geht ursprünglich auf eine Flurbezeichnung zurück.

In Schnittert kam einst zweimal jährlich ein Hofgericht zusammen, um über die Zins- und Pachtabgaben – Hafer, Hühner und Bargeld – der sechs „kurmedepflichtigen" Güter im Kirchspiel Wald zu beraten. Dazu gehörten die Höfe Schnittert, Auf der Bockstiege (hinter dem Toom-Markt in der Innenstadt), Engelsberg, Brochhausen (Broßhaus), Maubes und Stiegelsdorf (Kottendorf). Die heutige Straße Hofgerichtsweg hinter dem Kronprinzwerk hat allerdings nichts mit diesem mittelalterlichen Hofgericht zu tun, sie erhielt ihren Namen erst 1935. Die Kinder in Schnittert erhielten bereits vor 1725 in privaten Räumen Schulunterricht. 1735 war dann ein eigens errichtetes Schulgebäude auf dem Steinfeld an der heutigen Straße Heiligenstock, fertiggestellt. Die senkrechten Kellerfenster des alten Ziegel- und Fachwerkhauses in Schnittert erinnern an Schießscharten. Andere Häuser waren hingegen im bergischen Stil verschiefert. Auf der rechten Seite sieht man das Haus Schnittert 18.

Die Gebäude des einstigen Sattelgutes Keusenhof – auf dem alten Bild im Jahre 1917 zu sehen – stehen heute an der Kottendorferstraße. Diese sogenannten Mannlehen waren ihrem Lehnsherrn im Kriegsfall „mit Pferd und Harnisch" verpflichtet und nahmen eine Mittelstellung zwischen Ritter- und Bauerngütern ein. Rittergüter waren im Besitz von Edelmännern, Sattelhöfe gehörten freien Bauern, die von bäuerlichen und ähnlichen Abgaben und Diensten befreit waren. Die Häuser, die heute an der Stelle des Keusenhofs stehen, wirken längst nicht so imposant.

Nicht alle Gebäude des Anwesens Keusenhof sind heute verschwunden. Dieses Fachwerkhaus, das auf dem alten Bild im Jahre 1937 zu sehen ist, hat die Zeit überdauert und präsentiert sich heute sorgfältig restauriert und in einem schönen Ambiente.

Im Jahre 1677 werden Adolf und Kaspar Keusenhof als Besitzer des Sattelgutes genannt. Obwohl sie dazu nicht verpflichtet waren, sollten sie Wachdienste leisten, wogegen sie Beschwerde einlegten. Die Hofkammer entschied zu ihren Gunsten. 1712 wurde der Hof unter den Brüdern Adolf und Johannes Keusenhof aufgeteilt. Jeder erhielt einen etwa 60 Morgen großen Anteil. Johannes verkaufte seinen Teil 1725.

Im Jahre 1757 hob man die Verpflichtung des Keusenhofs, ein Sattelpferd zu stellen, auf. Stattdessen musste nun jährlich eine Geldabgabe in Höhe von sechs Goldgulden gezahlt werden. Erst 1811, in napoleonischer Zeit, als sämtliche Zahlungen von Abgaben und Diensten aufgehoben wurden, entfiel diese Zahlung ebenfalls.

„Unsere Vorfahren waren in alten Zeiten vielgeplagte Untertanen. Nach einer Urkunde aus dem Jahre 1551 mußten sie nicht nur Abgaben in Geld und Naturalien entrichten, sondern auch fortgesetzt allerlei Dienste, besonders Hand- und Spanndienste, leisten. Da hieß es Holz, Steine, Schiefer, Heu, Futter, Mehl, Wild und Wildgarn [Fangnetze für die Jagd] fahren, für den Grundherrn jagen und fischen, Schüppendienste zum Reinigen der Bäche verrichten, Brücken und Wege instand halten, Schloß und Park bewachen, quakende Frösche verjagen, junge Hunde aufziehen, in Kriegszeiten innerhalb des Landes dem Glockenschlag folgen. Alle diese Dienste pflegten ohne jede Entschädigung von statten zu gehen".

Diese Beschreibung der Belastungen der Landbevölkerung stammt von Rektor HERMANNS aus Ohligs, veröffentlicht in *„Die Heimat"* vom 11. März 1925, 3. Jg. Nr. 5.

Eine Ansicht des Keusenhofs.

Die idyllische Hofschaft Dahl liegt südlich der Merscheider Straße in Richtung Viehbachtal, unweit des Industriemuseums Gesenkschmiede Henrichs. Die Fotos zeigen das 1558 erbaute Richterhaus, das von 1635 bis 1646 Wohnsitz des Richters Rütger Vischer war. Hier wurde im 17. und 18. Jahrhundert auch

direkt Gericht gehalten. Das Gebäude steht heute unter Denkmalschutz. Ab 1976 war es im Besitz der Stadt Solingen, die es zunächst zugunsten von Straßenneubauten abreißen wollte. 1982 übernahm ein privater Investor das Haus und sanierte es grundlegend.

Das sogenannte Schöffenhaus steht in unmittelbarer Nachbarschaft des Richterhauses in Dahl. Es stellt eine Rarität der bergischen Fachwerkbauweise dar. Anstelle des üblichen

Schieferbeschlages wurde hier eine Holzschindelverkleidung angebracht. Über der zweiteiligen, mit Nägeln beschlagenen Haustür des Hauses befindet sich folgende Inschrift: „FÖRCHTE GOTT UND HALTE SEINE GEBOTTE DENN DAS GEHÖRET ALLEN MENSCHEN ZU. PREDIGER SALOMO 12 – 1747“. Im Hintergrund der aktuellen Aufnahme sieht man wieder das Richterhaus aus einer anderen Perspektive.

In der Hofschaft Dahl findet man heute noch gut erhaltene und liebevoll gestaltete Haus- und Hofeingänge. Die ausgetretenen Steinstufen und die genagelte zweiteilige Tür erzählen ihre eigene Geschichte, wie auch die mediterran anmutende Gestaltung des Hofeingangs. Es sind Oasen der Ruhe und der Besinnlichkeit, nur ein paar Meter entfernt vom Verkehrslärm.

Das heute reizvolle Haus Dahl 24 hat eine interessante Vergangenheit. Denn im Keller des Hauses war in früheren Zeiten ein Gefängnis eingerichtet, in dem Trunkenbolde und Randalierer von der Polizei für eine Nacht aus dem Verkehr gezogen wurden.

Limminghofen liegt wie Dahl abseits der Durchgangsstraße nach Solingen im Gebiet zwischen Olga- und Martinstraße. Anfang des 15. Jahrhunderts war Limminghofen Teil der Honnschaft Hackhausen. Im Jahre 1689 taucht die Siedlung dann als eine der acht Honschaften des Kirchspiels Wald auf. Im 16. Jahrhundert waren vor allem Messermacher in Limminghofen ansässig, die am Viehbach oder in den Kotten und Hämmern am Lochbach ihrem Beruf nachgingen. Unter ihnen war auch der bekannte Gabel- und Messerschmied Peter Hahn (1720–1794), der Mitte des 18. Jahrhunderts in Limminghofen wohnte und der Überlieferung nach dem Bildhauer des „Denkmals des Klingenschmiedes" als Vorbild diente. Dieses Brunnendenkmal stand von 1895 bis zum Bombenhagel am 4./5. November 1944 auf dem Alten Markt in Solingen.

Die Bewohner von Limminghofen sind stolz auf ihre alten Häuser und sorgen für ihre Erhaltung.

Die Hofschaft Bech liegt an der Grenze zu Merscheid, zwischen Weyerstraße, Bebelallee und Lochbach. Sie wurde schon 1382 erwähnt. Im 17. Jahrhundert lebten in der Bech vor allem Schwertschmiede. Ob es sich dabei um Mitarbeiter des Becher

Hammers handelte, lässt sich nicht mit Sicherheit sagen. Das Klingenschmiedehandwerk konnte um 1600 schon auf eine 400-jährige Tradition zurückblicken. Wogegen der Antrieb der Schleifkotten mittels Wasserkraft erst ab Anfang des 14. Jahrhunderts anzunehmen ist.

Die Mehrzahl der alten Fachwerkhäuser in der Bech ist sorgfältig restauriert. An ihnen kann man den Aufbau einer Hofschaft gut nachvollziehen.

Historische Schönheiten findet man oft nur wenige Minuten abseits des Weges. Sie stehen in der Bech, in Dahl, Limminghofen, Barl, Garzenhaus, Bavert, Keusenhof und Schnittert. Die ehemaligen Honschaften Schnittert, Barl, Teile von Bavert und Hackhausen sind die Keimzellen der einstigen Bürgermeisterei Merscheid, des heutigen Ohligs.

Die Bechermühle liegt am Lochbach unterhalb der Hofschaft Bech. Die Geschichte der Mühle selbst beginnt 1641 und endet in unserer Zeit. Wann genau sie stillgelegt wurde, ist nicht bekannt. In den letzten Jahren wurde hier ein Weizenmehl- und Futtermittelhandel betrieben. Das bisher unbekannte Foto aus der Zeit um 1900 (unten) zeigt das Gelände der Mühle noch ohne Damm, auf dem heute die Bebelallee verläuft, die für die Verbindung der Ortsteile Wald und Merscheid so wichtig ist. Im Hintergrund ist der Schaafen Kotten zu erkennen.

Die Becher-Mühle im Dornröschenschlaf. Hinter dem Damm der Bebelallee gelegen, erinnert die Mühle, wie so viele Gebäude in Solingen, an das Schicksal von Schloss Caspersbroich. Kleinere Täler mittels eines Damms zu überqueren, gehörte einst zum architektonischen Standard.

Eine Fassade in Bavert. Weißgetünchte Giebelseiten und geschwärzte Eichenbalken, umgeben von einer grünen und bunten Umrahmung, haben etwas Anheimelndes und Freundliches an sich. So strahlt das alte bergische Haus sowohl auf Einheimische als auch auf Fremde eine ganz besondere Wirkung aus.

Bavert, ursprünglich wohl „Baverode“ genannt, wurde schon vor 1300 erwähnt und war eine der dominierenden Hofschaften im Kirchspiel Wald. Ihre Geschichte ist eng mit der 1808 gegründeten „Mairie Merscheid“, dem späteren Ohligs, verbunden. Der gleichnamige Bach, an dem Bavert liegt, ist nur ein kleines Rinnsal, das nicht ausreichte, um z.B. einen Kotten anzutreiben. Daher siedelten sich die Schmiede und

Schleifer an der Itter und am Lochbach an. Die verschieferten Häuser sind typisch für das Bergische Land, es gibt aber auch einige Fachwerkhäuser (links). Bis heute geht es im etwas abgeschieden gelegenen Bavert ruhig zu. Der Verkehr quält sich nicht durch den Ort, sondern über einen um 1900 errichteten Damm, der zur Überbrückung des Baverter Baches gebaut wurde.

Die postalisch zu Solingen-Wald und verwaltungstechnisch zu Ohligs gehörende alte Hofschaft Garzenhaus liegt am südlichen Ende der Altenhoferstraße, an der legendenumwobenen Alten Heerstraße. Diese Alte Heerstraße ist ein noch heute zum größten Teil als Fußweg bestehender Pfad zwischen

Bavert und Schloss Caspersbroich, auf dem kein Geringerer als Napoleon vorübergezogen sein soll, wie Bewohner von Garzenhaus versicherten. Die Hofschaft diente einst als Wohnstätte für Bedienste von Schloss Caspersbroich. Im 15. Jahrhundert standen sie in Diensten derer von Pertsdorf, im 17. Jahrhundert waren sie für die Freiherren von Bottlenberg tätig und im 18. Jahrhundert für den Grafen Gisbert Wilhelm von Romberg.

Mit der Eröffnung der **Eisenbahnstrecke Opladen–Haan** fing alles an

Am 25. September 1867 wurde der Bahnhof Ohligs-Wald, der heutige Hauptbahnhof Solingen, feierlich eröffnet. Er lag auf freiem Feld in der Nähe des Gehöfts Hüttenhaus, einige hundert Meter östlich der Hofschaft Im Ohligs, der Keimzelle des Solinger Stadtteils. Heute findet man im einstigen Zentrum von Im Ohligs, am Ende der Düsseldorfer Straße, einen Garagenhof. Als einzige Stadtgemeinde beteiligte sich die Stadt Solingen an den Kosten des Bahnhofsbaus in Ohligs, was sich auch in einer 5,6 Kilometer langen Stichbahn zum Solinger Bahnhof am Weyersberg niederschlug. In den nachfolgenden Jahrzehnten entwickelte sich durch die Anbindung an das Eisenbahnnetz rund um den neuen Bahnhof ein aufstrebendes Provinzstädtchen mit bedeutenden Fabriken wie Bremshey und Kronprinz, die ihre Produktionsstätten in unmittelbarer Nähe der Eisenbahnstation errichteten. Die Bodenpreise in Bahnhofsnähe stiegen in dieser Zeit enorm an. Die Bevölkerung von Ohligs-Merscheid wuchs von knapp 8.000 im Jahre 1867 auf über 30.000 Einwohner 1913. Schon im ersten Jahr nach Inbetriebnahme der neuen Strecke wurden in Ohligs über 300.000 Passagiere und 1,4 Millionen Tonnen Güter, insbesondere Steinkohle und Koks, befördert. Die Zahl der verkauften Fahrkarten stieg bis 1914 auf eine Million an. Neben Kohle, Stahl und Baustoffen lieferte die Eisenbahn auch Lebensmittel. Versandt wurden aber vor allem Produkte der heimischen Industrie. So entwickelte sich der Bahnhof bald zu einem der wichtigsten Arbeitgeber in Ohligs.

Über die Verkehrszustände des 19. Jahrhunderts berichtete der „OHLIGSER ANZEIGER“ 1926: „*Ankunft und Abfahrt der Züge verkündete eine große Glocke, die auf dem ersten und einzigen Bahnsteig hing. War der Zug nach Opladen oder Vohwinkel abgefahren, begann ein Sturmlauf über die Gleise nach dem Solinger Zug, der weiter hinten auf den Güterschuppen zu stand. Die zu überquerenden Gleise verursachten manchen unangenehmen Sturz. Da Unterführungen unbekannt waren, blieb dieser Zustand jahrzehntelang bestehen.*“ 1879 wurde die sogenannte Jammerbrücke eingerichtet, auf der sich die Fußgänger bei Wind und Wetter von der Innenstadt zur Sauerbreystraße über einen rutschigen Holzbohlenbelag, oft dazu noch durch den Rauch der wartenden Dampflokomotiven, quälen mussten. Erst die lange geforderte Fußgängerunterführung, die am 2. Februar 1928 endlich eingeweiht wurde, beendete diesen Zustand. Wogegen sich andere Probleme, wie die Verstaatlichung der privaten Eisenbahngesellschaften im Jahre 1882, und ernste Absichten, eine direkte Verbindung von Solingen nach Köln unter Umgehung des Ohligser Bahnhofs zu schaffen, Anlass zur Sorge gaben. 1888 wurde der Bahnhof Ohligs-Wald in Bahnhof Ohligs umbenannt. Die 1894 fertiggestellte Linie nach Hilden verkürzte die Verbindung von Solingen nach Düsseldorf erheblich. 1896 wurde auch das Teilstück zum Solinger Hauptbahnhof, das an der Stecke nach Remscheid-Lennep lag, zweigleisig ausgebaut. Zu dieser Zeit verkehrten täglich 64 Züge.

DOVO
C

Die Bedeutung des Ohligser Bahnhofs überstieg bei weitem die der anderen Bahnhöfe Solingens, auch die des alten Hauptbahnhofs, weshalb lange Zeit diskutiert wurde, ihn als Solingen-Hauptbahnhof zu bezeichnen und den alten Hauptbahnhof umzubenennen. Der Ohligser Bahnhof behielt seinen Namen jedoch bis zum Jahresende 2006. Mit der Stilllegung des alten Hauptbahnhofs im Mai 2006 wurden die Diskussionen erneut angeheizt und so erhielt der Ohligser Bahnhof, pünktlich zum Fahrplanwechsel am 10. Dezember 2006, den Namen Solingen Hauptbahnhof. Um 1900 bot der Ohligser Bahnhof einen eher tristen Anblick. Parallel zur Aufwertung des Bahnhofs reduzierte die Bahnverwaltung Anfang der 1990er-Jahre die Serviceangebote im Personen- und Güterverkehr. So wurde die Gepäck- und Expressgutabfertigung kurzerhand geschlossen und die Stückgutabfertigung und -zustellung eingestellt.

Als unmittelbare Folge des Bahnhofsneubaus in Ohligs stiegen die Bodenpreise in Bahnhofnähe erheblich an. Nur wer es sich leisten konnte, baute sich hier ein Haus. Einige dieser prachtvollen Bauten stehen heute noch entlang der Düsseldorfer Straße. Das historische Foto zeigt die Bahnstraße im Jahre 1932. Im Vergleich mit heute hat sich die Häuserfront rechter Hand nur wenig verändert, die Bahnhofseite ist allerdings nicht wiederzuerkennen. In den 1960er-Jahren wurde das stark ramponierte Bahnhofsgebäude abgerissen und durch eine nüchtern gehaltene Empfangshalle ersetzt. Mit der Inbetriebnahme der S-Bahnstrecke nach Düsseldorf entstand 1980 eine Park & Ride-Anlage und seit 1990 halten in Ohligs Intercityzüge. Ende der 1990er-Jahre wurden täglich etwa 14.000 Ein-, Aus- und Umsteiger am Bahnhof Ohligs gezählt.

Über den Ohligser Bahnhof zog sich die Jammerbrücke. Als der Bahnhof um zwei Rangiergleise erweitert werden sollte, erteilte die Polizeibehörde 1878 die Genehmigung dafür nur unter der Bedingung, dass die von Merscheid kommende und die Gleise in Höhe des Bahnhofs kreuzende Straße nach Süden verlegt und der Fuhrverkehr über die Brücken an der Kamperstraße geführt würde. Um den Fußgängern einen gefahrlosen Weg von der Sauerbreystraße zum Bahnhofvorplatz zu ermöglichen, wurde 1879 die Jammerbrücke gebaut. Erst 1928 war eine Fußgängerunterführung fertiggestellt, sodass die Fußgänger vor Wind und Wetter geschützt den Bahnkörper unterirdisch passieren konnten. Das aktuelle Foto zeigt den Bahnhof im Jahre 2007.

Der heutige Bremsheyplatz in den 1950er-Jahren. Von links sieht man das Hotel „Central“ und daran anschließend die als „Bügeleisen“ bekannte Straßenführung zwischen dem Bahnhof, dem Bremsheyplatz und der Düsseldorfer Straße. Dieses Häuserdreieck bestand aus mehreren Gebäuden. Zum Bahnhof hin präsentierte sich ein Prachtbau mit vier Stockwerken, das Hotel „Kaiserhof“, während auf der Rückseite des Nobelhotels ein kleines Gebäude mit gerade eineinhalb Etagen auszumachen ist. Über den Abriss der Schieferhäuser auf der rechten Seite, in denen das „Rheingold-Kino“ beheimatet war, und die Gestaltung des Geländes als Busbahnhof kann man noch heute geteilter Meinung sein.

Die Bahnstraße im Jahre 1980. An das Hotel „Central“ schloss eine HEKA-Filiale an. Im Jahre 2007 wirkt die Szenerie schon wesentlich attraktiver. Der Fußgängerübergang Bahnhof Düsseldorferstraße berührt übrigens den ehemaligen Standort des Hotels „Kaiserhof“, in dem in den 1960er-Jahren die Annahmestelle einer Chemischen Reinigung untergebracht war.

Ein Straßenbahnbediensteter wartete im Jahre 1953 an den Gleisen. Die Gestaltung des Platzes hat sich heute erheblich verändert.

Ein Blick in die obere Düsseldorfer Straße im Jahre 1965. Vom gleichen Standort aus lässt sich heute erst auf den zweiten Blick erkennen, dass es sich um die gleiche Straße handelt. Die Fahrbahnen im Vordergrund und die Bäume verändern den Eindruck erheblich.

Mitte der 1960er-Jahre waren im Bereich der Kamper Straße Bautätigkeiten im Gange. Dabei ging es im Wesentlichen um Vorbereitungsarbeiten für die Elektrifizierung der Bahnstrecke Köln–Wuppertal und die Anpassung der beiden vorhandenen Brücken an den modernen Verkehr. Das aktuelle Bild entstand an der gleichen Stelle, jedoch von der Bahnhofsseite aus. Links geht es nach Solingen und geradeaus nach Köln.

Die Kamper Straße entwickelte sich im Zuge der Massenmobilisierung zum Nadelöhr für den Verkehr. Heute fließt der Verkehr auf einer großzügig ausgebauten Straße.

Die Brücke Kamperstraße im Jahre 1920. Heute trägt sie den Namen Berliner Brücke. Im Hintergrund erkennt man die St.-Joseph-Kirche an der Hackhauserstraße.

In die Sauerbreystraße münden die Hansastraße (rechts) und die Kleine Kamperstraße, in der ein Bauwagen abgestellt ist, ein. Im Hintergrund ist das Gebäude des Varietés „Victoria Bunte Bühne" zu erkennen. Es musste nach der Währungsreform von 1948 aus Geldmangel schließen. Später zog hier das „Monopol-Kino" ein. Das Haus wurde in den 1970er-Jahren abgerissen.

Die Hansastraße im Jahre 1980. Ganz rechts sieht man das Gebäude der Spedition Dahmen. Links zweigt die Hochstraße ab. Die aktuelle Aufnahme stammt aus dem Jahre 2007.

Das wie abgeschnitten wirkende Gebäude steht an der Kleinen Kamper Straße. Heute sind das Schieferhaus und das kleine Gebäude der Druckerei Richert & Härter verschwunden.

Am 10. August 1891 wurde das neue Rathaus eingeweiht. Einen Tag später erhielt die Gemeinde Merscheid die Genehmigung, ihren Namen in Ohligs zu ändern. Das Amtsgerichtsgebäude rechts des Rathauses wurde am 1. April 1895 seiner Bestimmung übergeben. Nach über 100 Jahren gibt es die selbstständige Gemeinde Ohligs nicht mehr. 1929 ging sie in der Großstadt Solingen auf. Dort, wo die Bäume stehen, wurden im April 1945 zwei Massengräber für Ermordete des Nazi-Regimes ausgehoben. Die Ohligser Bevölkerung war gezwungen, an ihrer Beisetzung teilnehmen.

So sah die noch ungepflasterte Straßengabelung Kamper- und Sauerbreystraße um 1890 aus. Die Sauerbreystraße hieß damals noch Rathausstraße. Oben sieht man den sogenannten Bärenstall, eine eher ärmliche Behausung. Zur Straße hin flatterte Wäsche im Wind. Ob das Haus so hieß, weil hier ein „Bär" lebte, also ein Heimarbeiter, der seine Arbeitskraft unter Wert verkaufte, oder ob in dem Haus tatsächlich ein oder mehrere Bären untergebracht waren, lässt sich nicht mehr ermitteln. 2007 ist von dem alten Haus nichts mehr übrig geblieben.

Die Ecke Kamper- und Sauerbreystraße im Jahre 1910. Nun war die Straße schon mit Kopfstein gepflastert. Dort, wo einst das kleine Fachwerkhäuschen stand, war eine Litfasssäule aufgestellt. Bis heute ist die Ecke eine für den Verkehr großzügig ausgebaute Kreuzung geblieben.

In der Keldersstraße errichtete man im Zweiten Weltkrieg einen Luftschutzbunker. Im Juni 2007 ist die Keldersstraße eine belebte Geschäftsstraße.

Schon nach dem Zweiten Weltkrieg siedelten sich Geschäfte in der Keldersstraße an. Hier sieht man eine Schaufensterreihe im Jahre 1950. Und auch 57 Jahre später laden die Geschäfte zum Schaufensterbummel ein.

Die Düsseldorfer Straße bot um 1900 einen mondänen Anblick. Hier wohnten vor allem wohlhabende Menschen, die sich die hohen Grundstücks- und Wohnungspreise in Bahnhofsnähe leisten konnten. Heute verlaufen hier keine Schienen mehr und die Fußgänger können gefahrlos über die Straße bummeln.

Die Düsseldorfer Straße bietet seit 34 Jahren den Rahmen für das jährliche Dürpelfest. Mit Dürpel bezeichnet man die Stufen zur Eingangstür am Haus hinauf. Das Fest wurde 1974 ins Leben gerufen, in diesem Jahr beging Solingen die 600. Wiederkehr der Verleihung der Stadtrechte.

Die Düsseldorfer Straße im Jahre 1910. Noch immer präsentierte sie sich als gehobene Wohn- und Einkaufsstraße. Auf der Ecke verkauften die Gebr. Davids u.a. maßgeschneiderte Anzüge. In diesen Geschäftsräumen ist heute ein Drogeriemarkt zu finden. Das Haus strahlt immer noch Eleganz aus, auch wenn ein Fenster mittlerweile zugemauert ist und andere erheblich verkleinert wurden.

Die Ecke Düsseldorfer- und Scheiderstraße um 1900. Die heutige Straße Heiligenstock hieß bis zur Städtevereinigung im Jahre 1929 Scheiderstraße. Das Eckhaus, in dem einst eine Apotheke ansässig war, ist heute grundlegend saniert.

Zwischen diesen beiden Aufnahmen liegen lediglich 36 Jahre. 1971 konnten die Fußgänger den Bürgersteig in der Grünstraße wegen der Bauarbeiten nicht benutzen. Da der Verkehr aber nicht so stark war, liefen sie mitten auf der Straße weiter, statt wie vorgeschlagen auf die andere Straßenseite zu wechseln. Auch heute ist die Grünstraße verkehrsberuhigt, auch wenn natürlich viel mehr Menschen mit dem Auto zum Einkaufen fahren.

Das alte Foto zeigt den Rennpatt um 1980. Der Rennpatt, dessen Name sich von einem Pfad durch eine Wiese ableitet, war seit jeher Teil eines Verbindungsweges zwischen Wald und Gräfrath. Später erreichte man über diesen Weg auch die Mühlen und Kotten im Lochbachtal und an der heutigen Bonnerstraße. Von dort aus führten dann die Wege nach Köln, Hilden und Düsseldorf weiter.

Die Hackhauser Straße im Jahre 1965. Rechts und links der Fahrbahn sieht man noch Reste des alten Kopfsteinpflasters, über das nun das Wasser ablaufen konnte. Die aktuelle Aufnahme entstand im Juni 2007, die Wasserrinnen gibt es nicht mehr, stattdessen ist die gesamte Fahrbahn asphaltiert. Hackhausen ist vor allem wegen seines Wasserschlosses bekannt.

Die 1902 gegründete Firma Ernst Gerling war unter dem Namen ihres Geschäftszeichens „Okapi" in ganz Deutschland bekannt. 1976 erhielt sie den Bescheid, dass die Bundesbahn beabsichtigte, eine Schnellbahn von Solingen nach Düsseldorf zu bauen. Dafür sei eine neue Straße nötig, die genau durch das Betriebsgelände der Firma Gerling gebaut werden müsse. Die Firma solle also an einen anderen Standort umziehen. Die Kosten dafür sollten zu je einem Drittel von der Stadt Solingen, dem Landschaftsamt und der Bundesbahn übernommen werden. Es folgte eine jahrelange Farce. Der Rechtsstreit wurde bis hinauf zum Bundesgericht geführt. Nach 19 Jahren, am 3. März 1995, endete er mit einem Vergleich vor dem Landgericht in Wuppertal. 85 Jahre nach ihrer Gründung stellte Okapi die Produktion von Messern ein. Die S-Bahn von Solingen nach Düsseldorf wurde am 26. September 1980 eingeweiht, die angeblich notwendige Straße durch das Gerling-Gelände baute man allerdings erst fast zehn Jahre später.

Ein beliebter Treffpunkt für Liebespaare war einst „Et Gerlings Gässken“. Aber auch Hundebesitzer gingen hier gerne mit ihren vierbeinigen Lieblingen spazieren. Heute ist von der schmalen Gasse nichts mehr zu sehen, stattdessen wuchert Unkraut rechts und links des Fußweges.

Die alte Verbindung von Merscheid nach Hilden führte bis 1879 über die heutige Sauerbreystraße. Sie kreuzte, bis zur Umleitung des Verkehrs über die Brücken an der Kamper Straße, die Schienen der Bergisch-Märkischen Eisenbahn, bevor sie in die Düsseldorfer Straße mündete. Das alte Foto zeigt die Sauerbreystraße um 1980, das neue entstand 2007.

Die Sauerbreystraße in Richtung Merscheiderstraße, aufgenommen Ende der 1920er-Jahre. Das Haus mit dem spitzen Giebel steht auch heute noch. Die Grünfläche links daneben ist mittlerweile bebaut. Es fällt auf, dass auf der alten Aufnahme keine Autos zu sehen sind.

Noch vor der Städtevereinigung im Jahre 1929 wurde die Badeanstalt an der Sauerbreystraße konzipiert und der Bau in Angriff genommen. Heute wird das Hallenbad ausschließlich von Schulen und Vereinen genutzt, ein öffentlicher Badebetrieb findet nicht mehr statt.

Das alte Foto oben zeigt eine Innenansicht der Badeanstalt während der Bauarbeiten in den Jahren 1928/29. Im Jahre 1956 fanden Schwimmwettkämpfe in der Badeanstalt statt, bei denen das neuere Foto unten entstand.

Eine Teilansicht der Teichstraße im Jahre 1950. Aus den einst tristen Gebäuden der Vorkriegszeit sind in den vergangenen Jahrzehnten schmucke Wohnhäuser geworden.

Der Verkehr auf der Reichsautobahn in der Ohligser Heide im Jahre 1938 hat im Vergleich zur A3 heute deutlich zugenommen.

Das Gelände des Engelsberger Hofs war noch zu Anfang des 19. Jahrhunderts Ödland, das so wertlos schien, dass es von den Eigentümern von Schloss Hackhausen nicht zu ihrem Besitz gerechnet wurde, obwohl es dazugehörte. Die ersten, die sich hier niederließen, war die Familie Engelsberg, die in wenigen Jahren ein ertragreiches Gut aufbaute. Im Jahre 1901 beschloss der Eigentümer des Hofes den Bau eines Wohn- und Wirtschaftshauses, außerdem wollte er ein Restaurant eröffnen. Als es gerade erst fertiggestellt war, bot er das Restaurant sonderbarerweise zum Verkauf an.
Im Dezember 1907 erwarb die Stadt Ohligs Restaurant und Grundstück.

Das alte Foto zeigt den Engelsberger Hof um 1900. Nach dem Erwerb ließ die Stadt Ohligs die Gartenanlagen neu bepflanzen, den vorhandenen Teich vergrößern und einen Spielplatz anlegen, obwohl die Kassen im wirtschaftlichen Krisenjahr 1907 leer waren. Angesichts der Streiks in diesem Jahr sah sich die Stadt Ohligs genötigt, Notstandsarbeiten zu veranlassen, worauf zahlreiche erwerbslose Schleifer zu Spaten und zur Hacke griffen und u.a. den Engelsberger Hof umbauten. Am 30. März 1933 berichtete der „Ohligser Anzeiger“ über den Hof: „Ehemals eine von Buschwerk, Heidekraut und Ginster wild bewachsene Waldlichtung, heute ein prachtvoll gepflegtes Erdenfleckchen.“ Das Gelände des Engelsberger Hofes ist heute schon länger als Naturdenkmal ausgewiesen – und ist Wanderern, Joggern und vor allem den Kindern ans Herz gewachsen.

An der Stelle des heutigen Heidebades lag ursprünglich der Krings-Teich – nach dem ehemaligen Besitzer genannt –, ein versumpfter Heide-Weiher. In den 1920er-Jahren entdeckten Jugendliche das Gewässer zum Baden und errichteten erste Schwimmbad-Bauten. Ab 1927 forcierte die Stadt, unterstützt vom damaligen Bürgermeister P. Sauerbrey, den Ausbau des Teiches zum Schwimmbad. Das notwendige Wasser stammte aus der Heide und wurde über Kohlefilter gereinigt. Am 3. Juni 1928 fand die feierliche Einweihung des Freibades statt. Das neuere Foto stammt aus den 1970er-Jahren.

Im November 1875 fanden sich 75 Einwohner aus der Bürgermeisterei Merscheid zusammen, um einen Schießverein zu gründen, der später den Namen „Schützen-Verein Ohligs“ annahm. Ihr erstes Treffen hielten sie im „Waldschlösschen“ ab, das zunächst auch als Vereinslokal bestimmt wurde. Die „Schützenburg“ (oben) wurde am 2. Juli 1898 eingeweiht. 1905 errichtete der „Ohligser Turnverein 1888“ (OTV) an der westlichen Giebelseite der „Schützenburg“ eine Turnhalle. 1907 wurde in der „Burg“ eine Theaterbühne installiert und 1908 ein Wintergarten angebaut. Der Verein hatte zu dieser Zeit 481 Mitglieder. 1910 unterbreitete er der Stadt Ohligs das Angebot, das gesamte Anwesen zu übernehmen. Ein Jahr später einigten sich Stadt und Verein auf einen Verkaufspreis von 115.000 Mark. Nach einigen glanzvollen Jahren wurde die „Schützenburg“ 1972 abgerissen. Das aktuelle Foto entstand am einstigen Standort.

Die bereits im 15. Jahrhundert erwähnte Broßhauser-Mühle gehörte zu einem Hof gleichen Namens. Dieses Lehnsgut war Teil der Honschaft Schnittert, die eine wichtige Stellung bei der Erhebung von Steuern, Abgaben und Diensten im Herzogtum Berg hatte. Der Broßhauser Mühle, auf der Urkarte von 1829/30 an der „Straße von Hilden nach Wald" gelegen, sieht man die vergangenen 600 Jahre nicht an, obwohl um sie herum oft radikale Veränderungen vorgenommen wurden.

Die frühere Kölner Straße, heute Bonner Straße. Wie ihr Name schon sagt, gehört der Weg seit der Zeit der Grafen und Herzöge von Berg zu den wichtigen Verbindungswegen. Diese Wege schufen nicht nur optimale Verbindungen zwischen den Orten, sondern führten auch an den Wohnsitzen der bedeutenden Persönlichkeiten sowie an den Klöstern vorbei. So war das wichtigste Ziel in Köln der dortige Bischofssitz. Die historische Straßenszenerie entstand 1894. Angst vor Verkehr brauchten die Menschen damals noch nicht haben. Es konnte höchstens eine Kutsche zu schnell um die Ecke biegen. Die aktuelle Aufnahme der gleichen Kreuzung war nur noch vom Bürgersteig aus möglich.

Im Jahre 1966 glich die Bonner Straße mehr einer Großbaustelle. 2007 sieht man davon nichts mehr.

Das Eingangsportal von Haus Hackhausen, das auch als Villa Berg bekannt war. Das private Anwesen liegt gegenüber von Schloss Hackhausen und ist für Besucher gesperrt. Trotzdem ist mir ein Foto gelungen.

Das alte Foto zeigt die Kölner Chaussee bei Hackhausen – die heutige Bonner Straße – um 1900. Hinter der Straßenbahn sind die Umrisse von Haus Hackhausen auszumachen. 100 Jahre später ist nur noch die Straßenführung gleich geblieben. Vom Charme der Jahrhundertwende ist nichts übrig geblieben. Die Straßenbahn gibt es nicht mehr, sie wurde durch den Autoverkehr ersetzt. Das dichte Grün lässt keinen Blick mehr auf die Häuser am Wegesrand zu.

Das Strandbad Tränke auf einer Postkarte von 1917. Das kleine aber feine Freibad entwickelte sich aus einer Pferdetränke, daher stammt auch der Name. In den 1990er-Jahren wurde die ganze Anlage abgerissen, die Renaturierung der Ohligser Heide hatte Vorrang. Diese Renaturierung sorgte in Solingen für viele Diskussionen. Das neue Foto zeigt in etwa das Areal der ehemaligen „Schwimm Bade Anstalt".

Sutton Verlag

BÜCHER AUS IHRER REGION

Solingen. Industriekultur 1880–1960
Jochem Putsch
978-3-89702-232-4 | 16,90 €

Schloss Burg an der Wupper
Dirk Soechting
978-3-89702-761-9 | 17,90 €

Solingen-Wald. Erinnerungen in Bildern
Manfred Kohl
978-3-89702-819-7 | 17,90 €

Zeitsprünge Solingen-Wald
Manfred Kohl
978-3-89702-642-1 | 17,90 €

Remscheid
Hans Funke
978-3-89702-460-1 | 17,90 €

Die Wuppertaler Schwebebahn
Herbert Günther
978-3-89702-679-7 | 17,90 €